CW00450149

Illustrations : Donatien Mary
Maquette : Alex Viougeas

Poèmes de
Paul Verlaine

Choisis et présentés par Camille Weil

GALLIMARD JEUNESSE

Avant-propos

Comme l'âme que nul n'a jamais vue quand tout le monde sait qu'il faut la rendre pour mourir, la poésie a autant de définitions qu'il y a de poètes. Autant de définitions auxquelles elle échappe toujours. Sans elle pourtant, la langue se meurt et le poème n'est plus qu'une forme vide, un assemblage de mots que rien ne fait vibrer. Un peu comme une guitare sans cordes. Mallarmé parlera à juste titre d'*aboli bibelot d'inanité sonore.*

Comme le cœur qui aime, qui pleure ou qui rit quand le muscle du même nom se contente de battre le sang, flux reflux, la poésie a ses raisons que la raison ignore, que les enfants, les simples, d'emblée, entendent et dont les savants généralement se détournent comme d'une folle qui ne sait ce qu'elle dit en criant que *la terre est bleue comme une orange* (Paul Éluard). C'est qu'il faut à la poésie pour l'entendre un *œil* qui *écoute*, comme disait Claudel, une oreille qui voit. Une oreille, des yeux plus près du cœur que de la raison, plus près des sens que du sens, et c'est Rimbaud qui voit les voyelles en couleur, Verlaine qui met les nuances en musique.

Comme le vent que rien ne peut soumettre ni réduire, la poésie souffle où elle veut et quand elle veut. C'est *une grâce de la nature*, disait Michaux. Une grâce qui traverse le poète comme une ville ouverte et le fait vibrer jusqu'au fond de son ignorance. C'est ainsi qu'il voit ce qu'il entend et peut sur le papier continuer à son pas, de toute sa lyre, le chemin entrevu de l'autre côté de l'horizon ; c'est ainsi que le poème naît et la joie du lecteur.

GUY GOFFETTE

Nevermore

■ Souvenir, souvenir, que me veux-tu? L'automne
Faisait voler la grive à travers l'air atone,
Et le soleil dardait un rayon monotone
Sur le bois jaunissant où la bise détone.

Nous étions seul à seule et marchions en rêvant,
Elle et moi, les cheveux et la pensée au vent.
Soudain, tournant vers moi son regard émouvant :
«Quel fut ton plus beau jour?» fit sa voix d'or vivant,

Sa voix douce et sonore, au frais timbre angélique.
Un sourire discret lui donna la réplique,
Et je baisai sa main blanche, dévotement.

– Ah! les premières fleurs, qu'elles sont parfumées!
Et qu'il bruit avec un murmure charmant
Le premier *oui* qui sort de lèvres bien-aimées! ◆

Après trois ans

■ Ayant poussé la porte étroite qui chancelle,
Je me suis promené dans le petit jardin
Qu'éclairait doucement le soleil du matin,
Pailletant chaque fleur d'une humide étincelle.

Rien n'a changé. J'ai tout revu : l'humble tonnelle
De vigne folle avec les chaises de rotin…
Le jet d'eau fait toujours son murmure argentin
Et le vieux tremble sa plainte sempiternelle.

Les roses comme avant palpitent ; comme avant,
Les grands lis orgueilleux se balancent au vent.
Chaque alouette qui va et vient m'est connue.

Même j'ai retrouvé debout la Velléda
Dont le plâtre s'écaille au bout de l'avenue,
– Grêle, parmi l'odeur fade du réséda. ♦

Mon rêve familier

■ Je fais souvent ce rêve étrange et pénétrant
D'une femme inconnue, et que j'aime, et qui m'aime,
Et qui n'est, chaque fois, ni tout à fait la même
Ni tout à fait une autre, et m'aime et me comprend.

Car elle me comprend, et mon cœur, transparent
Pour elle seule, hélas! cesse d'être un problème
Pour elle seule, et les moiteurs de mon front blême,
Elle seule les sait rafraîchir, en pleurant.

Est-elle brune, blonde ou rousse? – Je l'ignore.
Son nom? Je me souviens qu'il est doux et sonore
Comme ceux des aimés que la Vie exila.

Son regard est pareil au regard des statues,
Et, pour sa voix, lointaine, et calme, et grave, elle a
L'inflexion des voix chères qui se sont tues. ◆

Croquis parisien

À François Coppée.

■ La lune plaquait ses teintes de zinc
      Par angles obtus.
Des bouts de fumée en forme de cinq
Sortaient drus et noirs des hauts toits pointus.

Le ciel était gris. La bise pleurait
      Ainsi qu'un basson.
Au loin, un matou frileux et discret
Miaulait d'étrange et grêle façon.

Moi, j'allais, rêvant du divin Platon
      Et de Phidias,
Et de Salamine et de Marathon,
Sous l'œil clignotant des bleus becs de gaz. ♦

Cauchemar

■ J'ai vu passer dans mon rêve
– Tel l'ouragan sur la grève, –
D'une main tenant un glaive
Et de l'autre un sablier,
      Ce cavalier

Des ballades d'Allemagne
Qu'à travers ville et campagne,
Et du fleuve à la montagne,
Et des forêts au vallon,
      Un étalon

Rouge-flamme et noir d'ébène,
Sans bride, ni mors, ni rêne,
Ni hop! ni cravache, entraîne
Parmi des râlements sourds
      Toujours! toujours!

Un grand feutre à longue plume
Ombrait son œil qui s'allume
Et s'éteint. Tel, dans la brume,
Éclate et meurt l'éclair bleu
      D'une arme à feu.

Comme l'aile d'une orfraie
Qu'un subit orage effraie,
Par l'air que la neige raie,
Son manteau se soulevant
      Claquait au vent,

Et montrait d'un air de gloire
Un torse d'ombre et d'ivoire,
Tandis que dans la nuit noire
Luisaient en des cris stridents
      Trente-deux dents. ◆

Marine

■ L'océan sonore
Palpite sous l'œil
De la lune en deuil
Et palpite encore,

Tandis qu'un éclair
Brutal et sinistre
Fend le ciel de bistre
D'un long zigzag clair,

Et que chaque lame
En bonds convulsifs
Le long des récifs
Va, vient, luit et clame,

Et qu'au firmament,
Où l'ouragan erre,
Rugit le tonnerre
Formidablement. ◆

Effet de nuit

■ La nuit. La pluie. Un ciel blafard que déchiquette
De flèches et de tours à jour la silhouette
D'une ville gothique éteinte au lointain gris.
La plaine. Un gibet plein de pendus rabougris,
Secoués par le bec avide des corneilles
Et dansant dans l'air noir des gigues nonpareilles,
Tandis que leurs pieds sont la pâture des loups.
Quelques buissons d'épine épars, et quelques houx
Dressant l'horreur de leur feuillage à droite,
    à gauche,
Sur le fuligineux fouillis d'un fond d'ébauche.
Et puis, autour de trois livides prisonniers
Qui vont pieds nus, deux cent vingt-cinq
    pertuisaniers
En marche, et leurs fers droits, comme des fers
    de herse,
Luisent à contre-sens des lances de l'averse. ◆

Soleils couchants

■ Une aube affaiblie
Verse par les champs
La mélancolie
Des soleils couchants.
La mélancolie
Berce de doux chants
Mon cœur qui s'oublie
Aux soleils couchants.
Et d'étranges rêves,
Comme des soleils
Couchants sur les grèves
Fantômes vermeils,
Défilent sans trêves,
Défilent, pareils
À des grands soleils
Couchants sur les grèves. ♦

Crépuscule du soir mystique

■ Le Souvenir avec le Crépuscule
Rougeoie et tremble à l'ardent horizon
De l'Espérance en flamme qui recule
Et s'agrandit ainsi qu'une cloison
Mystérieuse où mainte floraison
– Dahlia, lys, tulipe et renoncule –
S'élance autour d'un treillis, et circule
Parmi la maladive exhalaison
De parfums lourds et chauds, dont le poison
– Dahlia, lys, tulipe et renoncule –
Noyant mes sens, mon âme et ma raison,
Mêle dans une immense pâmoison
Le Souvenir avec le Crépuscule. ◆

Chanson d'automne

■ Les sanglots longs
Des violons
   De l'automne
Blessent mon cœur
D'une langueur
   Monotone.

Tout suffoquant
Et blême, quand
   Sonne l'heure,
Je me souviens
Des jours anciens
   Et je pleure;

Et je m'en vais
Au vent mauvais
   Qui m'emporte
Deçà, delà,
Pareil à la
   Feuille morte. ◆

L'heure du berger

■ La lune est rouge au brumeux horizon;
Dans un brouillard qui danse la prairie
S'endort fumeuse, et la grenouille crie
Par les joncs verts où circule un frisson;

Les fleurs des eaux referment leurs corolles :
Des peupliers profilent aux lointains,
Droits et serrés, leurs spectres incertains;
Vers les buissons errent les lucioles;

Les chats-huants s'éveillent, et sans bruit
Rament l'air noir avec leurs ailes lourdes,
Et le zénith s'emplit de lueurs sourdes.
Blanche, Vénus émerge, et c'est la Nuit. ◆

Le rossignol

■ Comme un vol criard d'oiseaux en émoi,
Tous mes souvenirs s'abattent sur moi,
S'abattent parmi le feuillage jaune
De mon cœur mirant son tronc plié d'aune
Au tain violet de l'eau des Regrets,
Qui mélancoliquement coule auprès,
S'abattent, et puis la rumeur mauvaise
Qu'une brise moite en montant apaise,
S'éteint par degrés dans l'arbre, si bien
Qu'au bout d'un instant on n'entend plus rien,
Plus rien que la voix célébrant l'Absente,
Plus rien que la voix – ô si languissante ! –
De l'oiseau que fut mon Premier Amour,
Et qui chante encor comme au premier jour ;
Et, dans la splendeur triste d'une lune
Se levant blafarde et solennelle, une
Nuit mélancolique et lourde d'été,
Pleine de silence et d'obscurité,
Berce sur l'azur qu'un vent doux effleure
L'arbre qui frissonne et l'oiseau qui pleure. ◆

Femme et chatte

■ Elle jouait avec sa chatte,
Et c'était merveille de voir
La main blanche et la blanche patte
S'ébattre dans l'ombre du soir.

Elle cachait – la scélérate ! –
Sous ses mitaines de fil noir
Ses meurtriers ongles d'agate,
Coupants et clairs comme un rasoir.

L'autre aussi faisait la sucrée
Et rentrait sa griffe acérée,
Mais le diable n'y perdait rien...

Et dans le boudoir où, sonore,
Tintait son rire aérien,
Brillaient quatre points de phosphore. ◆

Un dahlia

■ Courtisane au sein dur, à l'œil opaque et brun
S'ouvrant avec lenteur comme celui d'un bœuf,
Ton grand torse reluit ainsi qu'un marbre neuf.

Fleur grasse et riche, autour de toi ne flotte aucun
Arôme, et la beauté sereine de ton corps
Déroule, mate, ses impeccables accords.

Tu ne sens même pas la chair, ce goût qu'au moins
Exhalent celles-là qui vont fanant les foins,
Et tu trônes, Idole insensible à l'encens.

– Ainsi, le Dahlia, roi vêtu de splendeur,
Élève sans orgueil sa tête sans odeur,
Irritant au milieu des jasmins agaçants ! ◆

Épilogue

(extrait)

■ Le soleil, moins ardent, luit clair au ciel moins
   dense.
Balancés par un vent automnal et berceur,
Les rosiers du jardin s'inclinent en cadence.
L'atmosphère ambiante a des baisers de sœur.

La Nature a quitté pour cette fois son trône
De splendeur, d'ironie et de sérénité :
Clémente, elle descend, par l'ampleur de l'air jaune,
Vers l'homme, son sujet pervers et révolté.

Du pan de son manteau que l'abîme constelle,
Elle daigne essuyer les moiteurs de nos fronts,
Et son âme éternelle et sa forme immortelle
Donnent calme et vigueur à nos cœurs mous
   et prompts.

Le frais balancement des ramures chenues,
L'horizon élargi plein de vagues chansons,
Tout, jusqu'au vol joyeux des oiseaux et des nues,
Tout, aujourd'hui, console et délivre. – Pensons. ◆

Clair de lune

■ Votre âme est un paysage choisi
Que vont charmant masques et bergamasques
Jouant du luth et dansant et quasi
Tristes sous leurs déguisements fantasques.

Tout en chantant sur le mode mineur
L'amour vainqueur et la vie opportune,
Ils n'ont pas l'air de croire à leur bonheur
Et leur chanson se mêle au clair de lune,

Au calme clair de lune triste et beau,
Qui fait rêver les oiseaux dans les arbres
Et sangloter d'extase les jets d'eau,
Les grands jets d'eau sveltes parmi les marbres. ◆

Pantomime

■ Pierrot, qui n'a rien d'un Clitandre
Vide un flacon sans plus attendre,
Et, pratique, entame un pâté.

Cassandre, au fond de l'avenue,
Verse une larme méconnue
Sur son neveu déshérité.

Ce faquin d'Arlequin combine
L'enlèvement de Colombine
Et pirouette quatre fois.

Colombine rêve, surprise
De sentir un cœur dans la brise
Et d'entendre en son cœur des voix. ◆

Cortège

■ Un singe en veste de brocart
Trotte et gambade devant elle
Qui froisse un mouchoir de dentelle
Dans sa main gantée avec art,

Tandis qu'un négrillon tout rouge
Maintient à tour de bras les pans
De sa lourde robe en suspens,
Attentif à tout pli qui bouge;

Le singe ne perd pas des yeux
La gorge blanche de la dame,
Opulent trésor que réclame
Le torse nu de l'un des dieux ;

Le négrillon parfois soulève
Plus haut qu'il ne faut, l'aigrefin,
Son fardeau somptueux, afin
De voir ce dont la nuit il rêve ;

Elle va par les escaliers,
Et ne paraît pas davantage
Sensible à l'insolent suffrage
De ses animaux familiers. ◆

Le faune

■ Un vieux faune de terre cuite
Rit au centre des boulingrins,
Présageant sans doute une suite
Mauvaise à ces instants sereins

Qui m'ont conduit et t'ont conduite,
– Mélancoliques pèlerins, –
Jusqu'à cette heure dont la fuite
Tournoie au son des tambourins. ♦

Mandoline

■ Les donneurs de sérénades
Et les belles écouteuses
Échangent des propos fades
Sous les ramures chanteuses.

C'est Tircis et c'est Aminte,
Et c'est l'éternel Clitandre,
Et c'est Damis qui pour mainte
Cruelle fait maint vers tendre.

Leurs courtes vestes de soie,
Leurs longues robes à queues,
Leur élégance, leur joie
Et leurs molles ombres bleues

Tourbillonnent dans l'extase
D'une lune rose et grise,
Et la mandoline jase
Parmi les frissons de brise. ◆

Colombine

■ Léandre le sot,
Pierrot qui d'un saut
    De puce
Franchit le buisson,
Cassandre sous son
    Capuce,

Arlequin aussi,
Cet aigrefin si
    Fantasque
Aux costumes fous,
Ses yeux luisants sous
    Son masque,

— Do, mi, sol, mi, fa, —
Tout ce monde va,
    Rit, chante
Et danse devant
Une belle enfant
    Méchante

Dont les yeux pervers
Comme les yeux verts
    Des chattes
Gardent ses appas
Et disent : «À bas
    Les pattes!»

 — Eux, ils vont toujours! —
Fatidique cours
    Des astres,
Oh! dis-moi vers quels
Mornes ou cruels
    Désastres

L'implacable enfant,
Preste et relevant
    Ses jupes,
La rose au chapeau,
Conduit son troupeau
    De dupes! ◆

L'Amour par terre

■ Le vent de l'autre nuit a jeté bas l'Amour
Qui, dans le coin le plus mystérieux du parc,
Souriait en bandant malignement son arc,
Et dont l'aspect nous fit tant songer tout un jour !

Le vent de l'autre nuit l'a jeté bas ! Le marbre
Au souffle du matin tournoie, épars. C'est triste
De voir le piédestal, où le nom de l'artiste
Se lit péniblement parmi l'ombre d'un arbre,

Oh ! c'est triste de voir debout le piédestal
Tout seul ! et des pensers mélancoliques vont
Et viennent dans mon rêve où le chagrin profond
Évoque un avenir solitaire et fatal.

Oh ! c'est triste ! – Et toi-même, est-ce pas ? es touchée
D'un si dolent tableau, bien que ton œil frivole
S'amuse au papillon de pourpre et d'or qui vole
Au-dessus des débris dont l'allée est jonchée. ♦

Colloque sentimental

■ Dans le vieux parc solitaire et glacé,
Deux formes ont tout à l'heure passé.

Leurs yeux sont morts et leurs lèvres sont molles,
Et l'on entend à peine leurs paroles.

Dans le vieux parc solitaire et glacé,
Deux spectres ont évoqué le passé.

– Te souvient-il de notre extase ancienne?
– Pourquoi voulez-vous donc qu'il m'en souvienne?

– Ton cœur bat-il toujours à mon seul nom?
Toujours vois-tu mon âme en rêve? – Non.

– Ah! les beaux jours de bonheur indicible
Où nous joignions nos bouches! – C'est possible.

– Qu'il était bleu, le ciel, et grand, l'espoir!
– L'espoir a fui, vaincu, vers le ciel noir.

Tels ils marchaient dans les avoines folles,
Et la nuit seule entendit leurs paroles. ♦

■ Avant que tu ne t'en ailles,
Pâle étoile du matin,
     – Mille cailles
Chantent, chantent dans le thym. –

Tourne devers le poète,
Dont les yeux sont pleins d'amour;
     – L'alouette
Monte au ciel avec le jour. –

Tourne ton regard que noie
L'aurore dans son azur;
     – Quelle joie
Parmi les champs de blé mûr! –

Puis fais luire ma pensée
Là-bas, – bien loin, oh! bien loin!
     – La rosée
Gaiement brille sur le foin. –

Dans le doux rêve où s'agite
Ma mie endormie encor…
     – Vite, vite,
Car voici le soleil d'or. – ◆

■ La lune blanche
Luit dans les bois;
De chaque branche
Part une voix
Sous la ramée…

Ô bien-aimée.

L'étang reflète,
Profond miroir,
La silhouette
Du saule noir
Où le vent pleure…

Rêvons, c'est l'heure.

Un vaste et tendre
Apaisement
Semble descendre
Du firmament
Que l'astre irise…

C'est l'heure exquise. ◆

■ Le paysage dans le cadre des portières
Court furieusement, et des plaines entières
Avec de l'eau, des blés, des arbres et du ciel
Vont s'engouffrant parmi le tourbillon cruel
Où tombent les poteaux minces du télégraphe
Dont les fils ont l'allure étrange d'un paraphe.

Une odeur de charbon qui brûle et d'eau qui bout,
Tout le bruit que feraient mille chaînes au bout
Desquelles hurleraient mille géants qu'on fouette ;
Et tout à coup des cris prolongés de chouette.
– Que me fait tout cela, puisque j'ai dans les yeux
La blanche vision qui fait mon cœur joyeux,
Puisque la douce voix pour moi murmure encore,
Puisque le Nom si beau, si noble et si sonore
Se mêle, pur pivot de tout ce tournoiement,
Au rythme du wagon brutal, suavement. ♦

■ Le foyer, la lueur étroite de la lampe;
La rêverie avec le doigt contre la tempe
Et les yeux se perdant parmi les yeux aimés;
L'heure du thé fumant et des livres fermés;
La douceur de sentir la fin de la soirée;
La fatigue charmante et l'attente adorée
De l'ombre nuptiale et de la douce nuit,
Oh! tout cela, mon rêve attendri le poursuit
Sans relâche, à travers toutes remises vaines,
Impatient des mois, furieux des semaines! ●

■ L'hiver a cessé : la lumière est tiède
Et danse, du sol au firmament clair.
Il faut que le cœur le plus triste cède
À l'immense joie éparse dans l'air.

Même ce Paris maussade et malade
Semble faire accueil aux jeunes soleils,
Et comme pour une immense accolade
Tend les mille bras de ses toits vermeils.

J'ai depuis un an le printemps dans l'âme
Et le vert retour du doux floréal,
Ainsi qu'une flamme entoure une flamme,
Met de l'idéal sur mon idéal.

Le ciel bleu prolonge, exhausse et couronne
L'immuable azur où rit mon amour.
La saison est belle et ma part est bonne
Et tous mes espoirs ont enfin leur tour.

Que vienne l'été! que viennent encore
L'automne et l'hiver! Et chaque saison
Me sera charmante, ô Toi que décore
Cette fantaisie et cette raison! ◆

Il pleut doucement sur la ville.
(Arthur Rimbaud.)

■ Il pleure dans mon cœur
Comme il pleut sur la ville;
Quelle est cette langueur
Qui pénètre mon cœur?

Ô bruit doux de la pluie
Par terre et sur les toits!
Pour un cœur qui s'ennuie
Ô le chant de la pluie!

Il pleure sans raison
Dans ce cœur qui s'écœure.
Quoi! nulle trahison?...
Ce deuil est sans raison.

C'est bien la pire peine
De ne savoir pourquoi
Sans amour et sans haine
Mon cœur a tant de peine! ◆

Son joyeux, importun, d'un clavecin sonore.
(Pétrus Borel.)

■ Le piano que baise une main frêle
Luit dans le soir rose et gris vaguement,
Tandis qu'avec un très léger bruit d'aile
Un air bien vieux, bien faible et bien charmant
Rôde discret, épeuré quasiment,
Par le boudoir longtemps parfumé d'Elle.

Qu'est-ce que c'est que ce berceau soudain
Qui lentement dorlote mon pauvre être?
Que voudrais-tu de moi, doux Chant badin?
Qu'as-tu voulu, fin refrain incertain
Qui vas tantôt mourir vers la fenêtre
Ouverte un peu sur le petit jardin? ♦

■ Ô triste, triste était mon âme
À cause, à cause d'une femme.

Je ne me suis pas consolé,
Bien que mon cœur s'en soit allé,

Bien que mon cœur, bien que mon âme
Eussent fui loin de cette femme.

Je ne me suis pas consolé,
Bien que mon cœur s'en soit allé,

Et mon cœur, mon cœur trop sensible
Dit à mon âme : Est-il possible,

Est-il possible, – le fût-il, –
Ce fier exil, ce triste exil ?

Mon âme dit à mon cœur : Sais-je
Moi-même que nous veut ce piège

D'être présents bien qu'exilés,
Encore que loin en allés ? ◆

■ Dans l'interminable
Ennui de la plaine
La neige incertaine
Luit comme du sable.

Le ciel est de cuivre
Sans lueur aucune,
On croirait voir vivre
Et mourir la lune.

Comme des nuées
Flottent gris les chênes
Des forêts prochaines
Parmi les buées.

Le ciel est de cuivre
Sans lueur aucune
On croirait voir vivre
Et mourir la lune.

Corneille poussive
Et vous, les loups maigres,
Par ces bises aigres
Quoi donc vous arrive ?

Dans l'interminable
Ennui de la plaine
La neige incertaine
Luit comme du sable. ◆

Le rossignol qui du haut d'une branche
se regarde dedans, croit être tombé dans
la rivière. Il est au sommet d'un chêne
et toutefois il a peur de se noyer.
(Cyrano de Bergerac.)

■ L'ombre des arbres dans la rivière embrumée
   Meurt comme de la fumée
Tandis qu'en l'air, parmi les ramures réelles,
   Se plaignent les tourterelles.

Combien, ô voyageur, ce paysage blême
   Te mira blême toi-même,
Et que triste pleuraient dans les hautes feuillées
   Tes espérances noyées ! ♦

Mai, juin 1872.

Charleroi

■ Dans l'herbe noire
Les Kobolds vont.
Le vent profond
Pleure, on veut croire.

Quoi donc se sent?
L'avoine siffle.
Un buisson gifle
L'œil au passant.

Plutôt des bouges
Que des maisons.
Quels horizons
De forges rouges!

On sent donc quoi?
Des gares tonnent,
Les yeux s'étonnent,
Où Charleroi?

Parfums sinistres !
Qu'est-ce que c'est ?
Quoi bruissait
Comme des sistres ?

Sites brutaux !
Oh ! votre haleine,
Sueur humaine,
Cris des métaux !

Dans l'herbe noire
Les Kobolds vont.
Le vent profond
Pleure, on veut croire. ◖

Bruxelles

SIMPLES FRESQUES

I

■ La fuite est verdâtre et rose
Des collines et des rampes
Dans un demi-jour de lampes
Qui viennent brouiller toute chose.

L'or, sur les humbles abîmes,
Tout doucement s'ensanglante.
Des petits arbres sans cimes
Où quelque oiseau faible chante.

Triste à peine tant s'effacent
Ces apparences d'automne,
Toutes mes langueurs rêvassent,
Que berce l'air monotone. ♦

Malines

■ Vers les prés le vent cherche noise
Aux girouettes, détail fin
Du château de quelque échevin,
Rouge de brique et bleu d'ardoise,
Vers les prés clairs, les prés sans fin...

Comme les arbres des féeries,
Des frênes, vagues frondaisons,
Échelonnent mille horizons
À ce Sahara de prairies,
Trèfle, luzerne et blancs gazons.

Les wagons filent en silence
Parmi ces sites apaisés.
Dormez, les vaches ! Reposez,
Doux taureaux de la plaine immense,
Sous vos cieux à peine irisés !

Le train glisse sans un murmure,
Chaque wagon est un salon
Où l'on cause bas et d'où l'on
Aime à loisir cette nature
Faite à souhait pour Fénelon. ◖

Août 72.

Green

■ Voici des fruits, des fleurs, des feuilles
    et des branches,
Et puis voici mon cœur qui ne bat que pour vous.
Ne le déchirez pas avec vos deux mains blanches
Et qu'à vos yeux si beaux l'humble présent soit
    doux.

J'arrive tout couvert encore de rosée
Que le vent du matin vient glacer à mon front.
Souffrez que ma fatigue à vos pieds reposée
Rêve des chers instants qui la délasseront.

Sur votre jeune sein laissez rouler ma tête
Toute sonore encor de vos derniers baisers ;
Laissez-la s'apaiser de la bonne tempête,
Et que je dorme un peu puisque vous reposez. ◆

Spleen

■ Les roses étaient toutes rouges,
Et les lierres étaient tout noirs.

Chère, pour peu que tu te bouges,
Renaissent tous mes désespoirs.

Le ciel était trop bleu, trop tendre,
La mer trop verte et l'air trop doux.

Je crains toujours, – ce qu'est d'attendre! –
Quelque fuite atroce de vous.

Du houx à la feuille vernie
Et du luisant buis je suis las,

Et de la campagne infinie
Et de tout, fors de vous, hélas! ♦

Streets

I

■ Dansons la gigue !

J'aimais surtout ses jolis yeux,
Plus clairs que l'étoile des cieux,
J'aimais ses yeux malicieux.

    Dansons la gigue !

Elle avait des façons vraiment
De désoler un pauvre amant,
Que c'en était vraiment charmant !

    Dansons la gigue !

Mais je trouve encor meilleur
Le baiser de sa bouche en fleur
Depuis qu'elle est morte à mon cœur.

    Dansons la gigue !

Je me souviens, je me souviens
Des heures et des entretiens,
Et c'est le meilleur de mes biens.

Dansons la gigue!

Soho.

II

Ô la rivière dans la rue!
Fantastiquement apparue
Derrière un mur haut de cinq pieds,
Elle roule sans un murmure
Son onde opaque et pourtant pure
Par les faubourgs pacifiés.

La chaussée est très large, en sorte
Que l'eau jaune comme une morte
Dévale ample et sans nuls espoirs
De rien refléter que la brume,
Même alors que l'aurore allume
Les cottages jaunes et noirs.

Paddington. ◆

A poor young Shepherd

■ J'ai peur d'un baiser
Comme d'une abeille.
Je souffre et je veille
Sans me reposer :
J'ai peur d'un baiser !

Pourtant j'aime Kate
Et ses yeux jolis.
Elle est délicate,
Aux longs traits pâlis.
Oh ! que j'aime Kate !

C'est Saint-Valentin !
Je dois et je n'ose
Lui dire au matin...
La terrible chose
Que Saint-Valentin !

Elle m'est promise,
Fort heureusement !
Mais quelle entreprise
Que d'être un amant
Près d'une promise !

J'ai peur d'un baiser
Comme d'une abeille.
Je souffre et je veille
Sans me reposer :
J'ai peur d'un baiser ! ◖

Beams

■ Elle voulut aller sur les flots de la mer,
Et comme un vent bénin soufflait une embellie,
Nous nous prêtâmes tous à sa belle folie,
Et nous voilà marchant par le chemin amer.

Le soleil luisait haut dans le ciel calme et lisse,
Et dans ses cheveux blonds c'étaient des rayons
    d'or,
Si bien que nous suivions son pas plus calme encor
Que le déroulement des vagues, ô délice !

Des oiseaux blancs volaient alentour mollement
Et des voiles au loin s'inclinaient toutes blanches.
Parfois de grands varechs filaient en longues
    branches,
Nos pieds glissaient d'un pur et large mouvement.

Elle se retourna, doucement inquiète
De ne nous croire pas pleinement rassurés,
Mais nous voyant joyeux d'être ses préférés,
Elle reprit sa route et portait haut la tête. ◖

Douvres-Ostende, à bord de la Comtesse-de-Flandre,
4 avril 1873.

■ Écoutez la chanson bien douce
Qui ne pleure que pour vous plaire.
Elle est discrète, elle est légère :
Un frisson d'eau sur de la mousse !

La voix vous fut connue (et chère ?),
Mais à présent elle est voilée
Comme une veuve désolée,
Pourtant comme elle encore fière,

Et dans les longs plis de son voile
Qui palpite aux brises d'automne,
Cache et montre au cœur qui s'étonne
La vérité comme une étoile.

Elle dit, la voix reconnue,
Que la bonté c'est notre vie,
Que de la haine et de l'envie
Rien ne reste, la mort venue.

Elle parle aussi de la gloire
D'être simple sans plus attendre,
Et de noces d'or et du tendre
Bonheur d'une paix sans victoire.

Accueillez la voix qui persiste
Dans son naïf épithalame.
Allez, rien n'est meilleur à l'âme
Que de faire une âme moins triste !

Elle est *en peine* et *de passage*,
L'âme qui souffre sans colère,
Et comme sa morale est claire !...
Écoutez la chanson bien sage. ◆

■ Le ciel est, par-dessus le toit,
     Si bleu, si calme!
Un arbre, par-dessus le toit,
     Berce sa palme.

La cloche dans le ciel qu'on voit,
     Doucement tinte.
Un oiseau sur l'arbre qu'on voit
     Chante sa plainte.

Mon Dieu, mon Dieu, la vie est là,
     Simple et tranquille.
Cette paisible rumeur-là
     Vient de la ville.

– Qu'as-tu fait, ô toi que voilà
     Pleurant sans cesse,
Dis, qu'as-tu fait, toi que voilà,
     De ta jeunesse? ◆

■ Je ne sais pourquoi
Mon esprit amer
D'une aile inquiète et folle vole sur la mer,
Tout ce qui m'est cher,
D'une aile d'effroi
Mon amour le couve au ras des flots. Pourquoi,
    pourquoi?

Mouette à l'essor mélancolique,
Elle suit la vague, ma pensée,
À tous les vents du ciel balancée,
En biaisant quand la marée oblique,
Mouette à l'essor mélancolique.

Ivre de soleil
Et de liberté,
Un instinct la guide à travers cette immensité.
La brise d'été
Sur le flot vermeil
Doucement la porte en un tiède demi-sommeil.

Parfois si tristement elle crie
Qu'elle alarme au lointain le pilote,
Puis au gré du vent se livre et flotte
Et plonge, et l'aile toute meurtrie
Revole, et puis si tristement crie!

Je ne sais pourquoi
Mon esprit amer
D'une aile inquiète et folle vole sur la mer.
Tout ce qui m'est cher,
D'une aile d'effroi
Mon amour le couve au ras des flots. Pourquoi,
    pourquoi? ♦

■ Le son du cor s'afflige vers les bois
D'une douleur on veut croire orpheline
Qui vient mourir au bas de la colline
Parmi la bise errant en courts abois.

L'âme du loup pleure dans cette voix
Qui monte avec le soleil qui décline
D'une agonie on veut croire câline
Et qui ravit et qui navre à la fois.

Pour faire mieux cette plainte assoupie,
La neige tombe à longs traits de charpie
À travers le couchant sanguinolent,

Et l'air a l'air d'être un soupir d'automne,
Tant il fait doux par ce soir monotone
Où se dorlote un paysage lent. ◆

■ L'échelonnement des haies
Moutonne à l'infini, mer
Claire dans le brouillard clair
Qui sent bon les jeunes baies.

Des arbres et des moulins
Sont légers sur le vert tendre
Où vient s'ébattre et s'étendre
L'agilité des poulains.

Dans ce vague d'un Dimanche
Voici se jouer aussi
De grandes brebis aussi
Douces que leur laine blanche.

Tout à l'heure déferlait
L'onde, roulée en volutes,
De cloches comme des flûtes
Dans le ciel comme du lait. ♦

Stickney, 75.

■ La mer est plus belle
Que les cathédrales,
Nourrice fidèle,
Berceuse de râles,
La mer sur qui prie
La Vierge Marie !

Elle a tous les dons
Terribles et doux.
J'entends ses pardons
Gronder ses courroux...
Cette immensité
N'a rien d'entêté.

Oh! si patiente,
Même quand méchante!
Un souffle ami hante
La vague, et nous chante :
«Vous sans espérance,
Mourez sans souffrance!»

Et puis sous les cieux
Qui s'y rient plus clairs,
Elle a des airs bleus,
Roses, gris et verts…
Plus belle que tous,
Meilleure que nous! ◆

■ C'est la fête du blé, c'est la fête du pain
Aux chers lieux d'autrefois revus après ces choses!
Tout bruit, la nature et l'homme, dans un bain
De lumière si blanc que les ombres sont roses.

L'or des pailles s'effondre au vol siffleur des faux
Dont l'éclair plonge, et va luire, et se réverbère.
La plaine, tout au loin couverte de travaux,
Change de face à chaque instant, gaie et sévère.

Tout halète, tout n'est qu'effort et mouvement
Sous le soleil, tranquille auteur des moissons mûres,
Et qui travaille encore, imperturbablement,
À gonfler, à sucrer – là-bas! les grappes sûres.

Travaille, vieux soleil, pour le pain et le vin,
Nourris l'homme du lait de la terre, et lui donne
L'honnête verre où rit un peu d'oubli divin...
Moissonneurs, – vendangeurs là-bas! –
    votre heure est bonne!

Car sur la fleur des pains et sur la fleur des vins,
Fruit de la force humaine en tous lieux répartie,
Dieu moissonne, et vendange, et dispose à ses fins
La Chair et le Sang pour le calice et l'hostie! ◐

Fampoux, 77.

Kaléidoscope

À Germain Nouveau.

■ Dans une rue, au cœur d'une ville de rêve,
Ce sera comme quand on a déjà vécu :
Un instant à la fois très vague et très aigu...
Ô ce soleil parmi la brume qui se lève !

Ô ce cri sur la mer, cette voix dans les bois !
Ce sera comme quand on ignore des causes :
Un lent réveil après bien des métempsychoses :
Les choses seront plus les mêmes qu'autrefois

Dans cette rue, au cœur de la ville magique
Où des orgues moudront des gigues dans les soirs,
Où les cafés auront des chats sur les dressoirs,
Et que traverseront des bandes de musique.

Ce sera si fatal qu'on en croira mourir :
Des larmes ruisselant douces le long des joues,
Des rires sanglotés dans le fracas des roues,
Des invocations à la mort de venir,

Des mots anciens comme un bouquet de fleurs
    fanées !
Les bruits aigres des bals publics arriveront,
Et des veuves avec du cuivre après leur front,
Paysannes, fendront la foule des traînées

Qui flânent là, causant avec d'affreux moutards
Et des vieux sans sourcils que la dartre enfarine,
Cependant qu'à deux pas, dans des senteurs
    d'urine,
Quelque fête publique enverra des pétards.

Ce sera comme quand on rêve et qu'on s'éveille !
Et que l'on se rendort et que l'on rêve encor
De la même féerie et du même décor,
L'été, dans l'herbe, au bruit moiré d'un vol
    d'abeille. ◆

Art poétique

À Charles Morice.

■ De la musique avant toute chose,
Et pour cela préfère l'Impair
Plus vague et plus soluble dans l'air,
Sans rien en lui qui pèse ou qui pose.

Il faut aussi que tu n'ailles point
Choisir tes mots sans quelque méprise :
Rien de plus cher que la chanson grise
Où l'Indécis au Précis se joint.

C'est des beaux yeux derrière des voiles,
C'est le grand jour tremblant de midi,
C'est par un ciel d'automne attiédi,
Le bleu fouillis des claires étoiles !

Car nous voulons la Nuance encor,
Pas la Couleur, rien que la nuance !
Oh ! la nuance seule fiance
Le rêve au rêve et la flûte au cor !

Fuis du plus loin la Pointe assassine,
L'esprit cruel et le Rire impur,
Qui font pleurer les yeux de l'Azur,
Et tout cet ail de basse cuisine !

Prends l'éloquence et tords-lui son cou !
Tu feras bien, en train d'énergie,
De rendre un peu la Rime assagie,
Si l'on n'y veille, elle ira jusqu'où ?

Ô qui dira les torts de la Rime ?
Quel enfant sourd ou quel nègre fou
Nous a forgé ce bijou d'un sou
Qui sonne creux et faux sous la lime ?

De la musique encore et toujours !
Que ton vers soit la chose envolée
Qu'on sent qui fuit d'une âme en allée
Vers d'autres cieux à d'autres amours.

Que ton vers soit la bonne aventure
Éparse au vent crispé du matin
Qui va fleurant la menthe et le thym...
Et tout le reste est littérature. ♦

Le pitre

■ Le tréteau qu'un orchestre emphatique secoue
Grince sous les grands pieds du maigre baladin
Qui harangue non sans finesse et sans dédain
Les badauds piétinant devant lui dans la boue.

Le plâtre de son front et le fard de sa joue
Font merveille. Il pérore et se tait tout soudain,
Reçoit des coups de pieds au derrière, badin,
Baise au cou sa commère énorme, et fait la roue.

Ses boniments, de cœur et d'âme approuvons-les.
Son court pourpoint de toile à fleurs et ses mollets
Tournants jusqu'à l'abus valent que l'on s'arrête.

Mais ce qu'il sied à tous d'admirer, c'est surtout
Cette perruque d'où se dresse sur la tête,
Preste, une queue avec un papillon au bout. ♦

Allégorie

À Jules Valadon.

■ Despotique, pesant, incolore, l'Été,
Comme un roi fainéant présidant un supplice,
S'étire par l'ardeur blanche du ciel complice
Et bâille. L'homme dort loin du travail quitté.

L'alouette au matin, lasse, n'a pas chanté,
Pas un nuage, pas un souffle, rien qui plisse
Ou ride cet azur implacablement lisse
Où le silence bout dans l'immobilité.

L'âpre engourdissement a gagné les cigales
Et sur leur lit étroit de pierres inégales
Les ruisseaux à moitié taris ne sautent plus.

Une rotation incessante de moires
Lumineuses étend ses flux et ses reflux...
Des guêpes, çà et là, volent, jaunes et noires. ♦

L'Auberge

À Jean Moréas.

■ Murs blancs, toit rouge, c'est l'Auberge fraîche au bord
Du grand chemin poudreux où le pied brûle et saigne,
L'Auberge gaie avec le *Bonheur* pour enseigne.
Vin bleu, pain tendre, et pas besoin de passe-port.

Ici l'on fume, ici l'on chante, ici l'on dort.
L'hôte est un vieux soldat, et l'hôtesse, qui peigne
Et lave dix marmots roses et pleins de teigne,
Parle d'amour, de joie et d'aise, et n'a pas tort!

La salle au noir plafond de poutres, aux images
Violentes, *Maleck Adel* et les *Rois Mages*,
Vous accueille d'un bon parfum de soupe aux choux.

Entendez-vous? C'est la marmite qu'accompagne
L'horloge du tic-tac allègre de son pouls.
Et la fenêtre s'ouvre au loin sur la campagne. ♦

Circonspection

À Gaston Sénéchal.

■ Donne ta main, retiens ton souffle, asseyons-nous
Sous cet arbre géant où vient mourir la brise
En soupirs inégaux sous la ramure grise
Que caresse le clair de lune blême et doux.

Immobiles, baissons nos yeux vers nos genoux.
Ne pensons pas, rêvons. Laissons faire à leur guise
Le bonheur qui s'enfuit et l'amour qui s'épuise,
Et nos cheveux frôlés par l'aile des hiboux.

Oublions d'espérer. Discrète et contenue,
Que l'âme de chacun de nous deux continue
Ce calme et cette mort sereine du soleil.

Restons silencieux parmi la paix nocturne :
Il n'est pas bon d'aller troubler dans son sommeil
La nature, ce dieu féroce et taciturne. ◆

Un veuf parle

■ Je vois un groupe sur la mer.
Quelle mer? Celle de mes larmes.
Mes yeux mouillés du vent amer
Dans cette nuit d'ombre et d'alarmes
Sont deux étoiles sur la mer.

C'est une toute jeune femme
Et son enfant déjà tout grand
Dans une barque où nul ne rame,
Sans mât ni voile, en plein courant...
Un jeune garçon, une femme!

En plein courant dans l'ouragan!
L'enfant se cramponne à sa mère
Qui ne sait plus où, non plus qu'en...
Ni plus rien, et qui, folle, espère
En le courant, en l'ouragan.

Espérez en Dieu, pauvre folle,
Crois en notre Père, petit.
La tempête qui vous désole,
Mon cœur de là-haut vous prédit
Qu'elle va cesser, petit, folle!

Et paix au groupe sur la mer,
Sur cette mer de bonnes larmes!
Mes yeux joyeux dans le ciel clair,
Par cette nuit sans plus d'alarmes,
Sont deux bons anges sur la mer. ◆

1878.

Paysages

À Anatole Baju.

■ Au pays de mon père on voit des bois sans
   nombre.
Là des loups font parfois luire leurs yeux dans
   l'ombre
Et la myrtille est noire au pied du chêne vert.
Noire de profondeur, sur l'étang découvert,
Sous la bise soufflant balsamiquement dure
L'eau saute à petits flots, minéralement pure.
Les villages de pierre ardoisière aux toits bleus
Ont leur pacage et leur labourage autour d'eux.
Du bétail non pareil s'y fait des chairs friandes
Sauvagement un peu parmi les hautes viandes ;
Et l'habitant, grâce à la Foi sauve, est heureux.

Au pays de ma mère est un sol plantureux
Où l'homme, doux et fort, vit prince de la plaine,
De patients travaux pour quelles moissons pleine,
Avec, rares, des bouquets d'arbres et de l'eau.
L'industrie a sali par places ce tableau
De paix patriarcale et de campagne dense
Et compromis jusqu'à des points cette abondance,
Mais l'ensemble est resté, somme toute, très bien.
Le peuple est froid et chaud, non sans un fond
    chrétien.
Belle, très au-dessus de toute la contrée,
Se dresse, éperdument la tour démesurée
D'un gothique beffroi sur le ciel balancé,
Attestant les devoirs et les droits du passé,
Et tout en haut de lui le grand lion de Flandre
Hurle en cris d'or dans l'air moderne :
    «Osez les prendre!»

Le pays de mon rêve est un site charmant
Qui tient des deux aspects décrits précédemment :
Quelque âpreté se mêle aux saveurs géorgiques.
L'amour et le loisir même sont énergiques,
Calmes, équilibrés sur l'ordre et le devoir.
La vierge en général s'abstient du nonchaloir

Dangereux aux vertus, et l'amant qui la presse
A coutume avant tout d'éviter la paresse
Où le vice puisa ses larmes en tout temps,
Si bien qu'en mon pays tous les cœurs sont contents
Sont, ou plutôt étaient.
              Au cœur ou dans la tête,
La tempête est venue. Est-ce bien la tempête?
En tout cas, il y eut de la grêle et du feu,
Et la misère, et comme un abandon de Dieu.
La mortalité fut sur les mères taries
Des troupeaux rebutés par l'herbe des prairies
Et les jeunes sont morts après avoir langui
D'un sort qu'on croyait parti d'où, jeté par qui?
Dans les champs ravagés la terre diluée
Comme une pire mer flotte en une buée.
Des arbres détrempés les oiseaux sont partis,
Laissant leurs nids et des squelettes de petits.
D'amours de fiancés, d'union des ménages
Il n'est plus question dans mes tristes parages.
Mais la croix des clochers doucement toujours luit,
Dans les cages plus d'une cloche encore bruit,
Et, béni signal d'espérance et de refuge,
L'arc-en-ciel apparaît comme après le déluge. ◆

■ Il patinait merveilleusement,
S'élançant, qu'impétueusement!
R'arrivant si joliment vraiment!

Fin comme une grande jeune fille,
Brillant, vif et fort, telle une aiguille,
La souplesse, l'élan d'une anguille.

Des jeux d'optique prestigieux,
Un tourment délicieux des yeux,
Un éclair qui serait gracieux.

Parfois il restait comme invisible,
Vitesse en route vers une cible
Si lointaine, elle-même invisible...

Invisible de même aujourd'hui.
Que sera-t-il advenu de lui?
Que sera-t-il advenu de lui? ◆

■ Âme, te souvient-il, au fond du paradis,
De la gare d'Auteuil et des trains de jadis
T'amenant chaque jour, venus de La Chapelle?
Jadis déjà! Combien pourtant je me rappelle
Mes stations au bas du rapide escalier
Dans l'attente de toi, sans pouvoir oublier
Ta grâce en descendant les marches, mince et leste
Comme un ange le long de l'échelle céleste,

Ton sourire amical ensemble et filial,
Ton serrement de main cordial et loyal,
Ni tes yeux d'innocent, doux mais vifs, clairs
    et sombres,
Qui m'allaient droit au cœur et pénétraient
    mes ombres.
Après les premiers mots de bonjour et d'accueil,
Mon vieux bras dans le tien, nous quittions
    cet Auteuil
Et sous les arbres pleins d'une gente musique,
Notre entretien était souvent métaphysique.
Ô tes forts arguments, ta foi du charbonnier!
Non sans quelque tendance, ô si franche! à nier,
Mais si vite quittée au premier pas du doute!
Et puis nous rentrions, plus que lents, par la route
Un peu des écoliers, chez moi, chez nous plutôt,
Y déjeuner de rien, fumailler vite et tôt,
Et dépêcher longtemps une vague besogne.

Mon pauvre enfant, ta voix dans le Bois
    de Boulogne! ♦

■ La Belle au Bois dormait. Cendrillon sommeillait.
Madame Barbe-bleue? elle attendait ses frères;
Et le Petit Poucet, loin de l'ogre si laid,
Se reposait sur l'herbe en chantant des prières.

L'Oiseau couleur-de-temps planait dans l'air léger
Qui caresse la feuille au sommet des bocages
Très nombreux, tout petits, et rêvant d'ombrager
Semaille, fenaison, et les autres ouvrages.

Les fleurs des champs, les fleurs innombrables
    des champs,
Plus belles qu'un jardin où l'Homme a mis ses tailles,
Ses coupes et son goût à lui, – les fleurs des gens! –
Flottaient comme un tissu très fin dans l'or
    des pailles,

Et, fleurant simple, ôtaient au vent sa crudité,
Au vent fort, mais alors atténué, de l'heure
Où l'après-midi va mourir. Et la bonté
Du paysage au cœur disait : Meurs ou demeure!

Les blés encore verts, les seigles déjà blonds
Accueillaient l'hirondelle en leur flot pacifique.
Un tas de voix d'oiseaux criait vers les sillons
Si doucement qu'il ne faut pas d'autre musique…

Peau-d'Âne rentre. On bat la retraite – écoutez! –
Dans les États voisins de Riquet-à-la-Houppe,
Et nous joignons l'auberge, enchantés, esquintés,
Le bon coin où se coupe et se trempe la soupe! ♦

Allégorie

■ Un très vieux temple antique s'écroulant
Sur le sommet indécis d'un mont jaune,
Ainsi qu'un roi déchu pleurant son trône,
Se mire, pâle, au tain d'un fleuve lent.

Grâce endormie et regard somnolent,
Une naïade âgée, auprès d'un aulne,
Avec un brin de saule agace un faune,
Qui lui sourit, bucolique et galant.

Sujet naïf et fade qui m'attristes,
Dis, quel poète entre tous les artistes,
Quel ouvrier morose t'opéra,

Tapisserie usée et surannée,
Banale comme un décor d'opéra,
Factice, hélas! comme ma destinée? ◆

Impression fausse

■ Dame souris trotte,
Noire dans le gris du soir,
Dame souris trotte
Grise dans le noir.

On sonne la cloche,
Dormez, les bons prisonniers !
On sonne la cloche :
Faut que vous dormiez.

Pas de mauvais rêves,
Ne pensez qu'à vos amours,
Pas de mauvais rêve :
Les belles toujours !

Le grand clair de lune!
On ronfle ferme à côté.
Le grand clair de lune
En réalité!

Un nuage passe,
Il fait noir comme en un four.
Un nuage passe.
Tiens, le petit jour!

Dame souris trotte,
Rose dans les rayons bleus.
Dame souris trotte :
Debout, paresseux! ◉

Tantalized

■ L'aile où je suis donnant juste sur une gare,
J'entends de nuit (mes nuits sont blanches)
    la bagarre
Des machines qu'on chauffe et des trains ajustés,
Et vraiment c'est des bruits de nids répercutés
À des dieux de fonte et de verre et gras de houille.
Vous n'imaginez pas comme cela gazouille
Et comme l'on dirait des efforts d'oiselets
Vers des vols tout prochains à des cieux violets
Encore et que le point du jour éclaire à peine.
Ô ces wagons qui vont dévaler dans la plaine! ◆

Caprice

■ Ô poète, faux pauvre et faux riche, homme vrai,
Jusqu'en l'extérieur riche et pauvre pas vrai,
(Dès lors, comment veux-tu qu'on soit sûr
    de ton cœur?)
Tour à tour souple drôle et monsieur somptueux,
Du vert clair plein d'«espère» au noir componctueux,
Ton habit a toujours quelque détail blagueur.

Un bouton manque. Un fil dépasse. D'où venue
Cette tache – ah ça, malvenue ou bienvenue ? –
Qui rit et pleure sur le cheviot et la toile ?
Nœud noué bien et mal, soulier luisant et terne.
Bref un type à se pendre à la Vieille-Lanterne
Comme à marcher, gai proverbe, à la belle étoile,

Gueux, mais pas comme ça, l'homme vrai,
   le seul vrai.
Poète, va, si ton langage n'est pas vrai,
Toi l'es, et ton langage, alors ! Tant pis pour ceux
Qui n'auront pas aimé, fous comme autant de tois,
La lune pour chauffer les sans femmes ni toits,
La mort, ah, pour bercer les cœurs malechanceux,

Pauvres cœurs mal tombés, trop bons et très fiers,
   certes !
Car l'ironie éclate aux lèvres belles, certes,
De vos blessures, cœurs plus blessés qu'une cible,
Petits sacrés cœurs de Jésus plus lamentables !
Va, poète, le seul des hommes véritables,
Meurs sauvé, meurs de faim pourtant le moins
   possible. ♦

Bonheur

À Monsieur Borély.

■ Vous m'avez demandé quelques vers sur «Amour»,
Ce mien livre, d'émoi cruel et de détresse,
Déjà loin dans mon Œuvre étrange qui se presse
Et dévale, flot plus amer de jour en jour.

Qu'en dire, sinon : «Poor Yorick!» ou mieux «Poor
Lelian!» et pauvre âme à tout faire, faiblesse,
Mollesse par des fois, et caresse et paresse,
Ou tout à coup partie en guerre comme pour

Tout casser d'un passé si pur, si chastement
Ordonné par la beauté des calmes pensées,
Et pour damner tant d'heures en Dieu dépensées.

Puis il revient, mon Œuvre, las d'un tel ahan,
Pénitent, et tombant à genoux, mains dressées...
Priez avec et pour le pauvre Lelian! ◆

Dernier espoir

■ Il est un arbre au cimetière
Poussant en pleine liberté,
Non planté par un deuil dicté, –
Qui flotte au long d'une humble pierre.

Sur cet arbre, été comme hiver,
Un oiseau vient qui chante clair
Sa chanson tristement fidèle.
Cet arbre et cet oiseau c'est nous :

Toi le souvenir, moi l'absence
Que le temps – qui passe – recense...
Ah, vivre encore à tes genoux !

Ah, vivre encore ! Mais quoi, ma belle,
Le néant est mon froid vainqueur...
Du moins, dis, je vis dans ton cœur ? ◆

« *Au pays de mon père on voit des bois sans nombre.* » (Paul Verlaine)

Paul Verlaine naît à Metz en 1844. Son père est officier du génie. L'enfance de Paul est assez heureuse et aisée. À Paris, après neuf ans d'internat, Verlaine fréquente le lycée Bonaparte (Condorcet) et il passe son baccalauréat. Il lit, compose des poèmes depuis l'âge de quatorze ans. Il passe des vacances auprès de sa cousine Élisa, dont il est amoureux. En 1866, il publie dans la revue *Le Parnasse contemporain* huit poèmes «saturniens» qui paraissent en volume la même année. Élisa, sa sœur d'élection, sa consolatrice, meurt en 1867. Verlaine rend visite à Victor Hugo à Bruxelles et assiste aux obsèques de Baudelaire. Il fréquente les Parnassiens. En 1869, il se fiance avec Mathilde Mauté, qui lui inspire de nombreux poèmes de *La Bonne Chanson* (1872), et fait paraître les *Fêtes galantes*. Il épouse Mathilde en 1870. Lors du siège de la Commune de Paris, en 1871, Verlaine se retrouve chef du bureau de la Presse.

Cette même année arrive la première lettre de Rimbaud, que Verlaine invite à Paris. Au mois d'octobre naît Georges, le fils de Verlaine. Mais la mésentente s'installe entre Verlaine et sa femme. Devant la menace d'une séparation, Verlaine éloigne Rimbaud quelque temps. De retour, Rimbaud «punit» Verlaine de plusieurs coups de couteau.

Verlaine quitte alors Paris avec Rimbaud. Ils voyagent en Belgique, puis s'installent à Londres. En 1873, Verlaine met au point les *Romances sans paroles*. La relation avec Rimbaud se complique. Verlaine blesse peu gravement Rimbaud d'un coup de revolver. Il est arrêté, condamné et emprisonné à Mons. Durant les deux années de prison, il compose certains des poèmes qui figureront dans *Sagesse, Jadis et naguère* et *Parallèlement*. Après le jugement en séparation d'avec Mathilde, Verlaine, effondré, entame des lectures spirituelles.

Libéré en 1875, il se rend en Angleterre, où il devient professeur. Il achète une ferme et fait de nouvelles tentatives de vie commune avec Lucien Létinois, qu'il appellera son «fils» (il mourra en 1883). Le divorce avec Mathilde est prononcé en 1885 aux torts de Verlaine qui, malade et vieilli, fait de fréquents séjours dans les hôpitaux. *Parallèlement* paraît en 1889, suivi de plusieurs recueils de poèmes et de prose, notamment *Dédicaces, Chansons pour elle, Bonheur, Chansons grises, Mes prisons, Dans les limbes, Confessions*. Verlaine commence à être reconnu. Les revues saluent en lui un des initiateurs de la poésie moderne. En 1894, il est sacré «prince des poètes», à la mort de Leconte de Lisle. Mais sa santé s'est encore dégradée, et il meurt le 8 janvier 1895. Des milliers de personnes suivent le convoi funèbre.

« *De toutes les douleurs douces Je compose mes magies.* » (Paul Verlaine)

Verlaine est un des rares poètes à avoir trouvé sa voix d'emblée. Jacques Borel la définit comme «le frisson, la chanson grise, la vaporisation de l'être dans la sensation ou la rêverie...». Verlaine fait remonter sa vocation poétique de bonne heure, ainsi que sa découverte de Baudelaire. Il est très tôt à l'écoute de ses sensations et de ses impressions. Comme l'explique Jacques Borel, «c'est dans l'humus d'une rêverie quasi organique que naît sa poésie (...) le rêve et l'imaginaire sont tenus pour seuls habitables.» Aux prises avec une «affectivité avide et têtue», il avait soif d'amour véritable. Mais il se trouvait laid et se comparaît à un «naufragé d'un rêve» comme un «pauvre navire / Qui court démâté par la tempête»... L'échec a marqué sa vie sentimentale et amoureuse. La poésie est devenue très vite pour Verlaine la réalité supérieure, une sorte de sacerdoce. Il avait dit : «Baudelaire sera mon plus cher fanatisme.» Et l'influence de Baudelaire «qui ne pouvait que grandir et... s'élucider, se logifier avec le temps», selon ses propres termes, est avouée, dès le début. Du reste il mettra en pratique son mot d'ordre : «Il faut vous enivrer sans trêve... De vin, de poésie ou de vertu, à votre guise. Mais enivrez-vous.» Verlaine est convaincu que «l'ivresse peut ouvrir sur un monde quasi surnaturel». Un fantastique en demi-teintes et l'entrée dans

un monde féerique sont perceptibles dans *Fêtes galantes*.
De sa rencontre avec Rimbaud, il espère vainement une vie
plus solaire. Et lorsque Verlaine appelle Rimbaud, c'est au
nom de la poésie : «Venez, chère grande âme, on vous appelle,
on vous attend», écrit-il au jeune poète qui l'avait classé
parmi les rares «voyants». «Avec moi seul tu peux être libre»,
lui avait déclaré Rimbaud. Plusieurs poèmes de *Romances
sans paroles* gardent le souvenir de leur errance, du vertige
du mouvement, de la griserie des voyages en chemin de fer
en particulier.

En prison, souffrant de solitude et de l'absence de Rimbaud («L'Enfer, c'est l'Absence»), Verlaine se remet très vite
à écrire. Quand il se retourne vers la religion (la religion de
son enfance) pour une sorte de rédemption, il compose son
recueil *Sagesse. Jadis et naguère* (1885), bilan des années
écoulées, se présente comme une sorte d'Art poétique.

Entre tradition et nouveauté, audace et crainte, la poésie
de Verlaine évoque un déchirement permanent. Mais le poète
innove quand, souhaitant «de la musique avant toute chose»,
il transforme le poème en partition musicale, voulant que la
poésie donne à entendre, le poème devenant «une romance
sans paroles», proche de l'impressionnisme musical et
pictural. Ce que Verlaine peint, c'est un «paysage choisi»
à un instant particulier qui lui donne sa «nuance fugitive».
La justesse de la sensation prime sur l'exactitude du dessin
et l'intérêt du sujet. Avec lui s'annonce toute une conception
de l'art moderne.

Table des matières

Photo de 1ʳᵉ de couverture, portrait photographique de Verlaine en pied par Otto, vers 1893, détail. Photo de 4ᵉ de couverture, dernière photographie de Verlaine par Otto, détail.

Loi nº 49-956 du 16 juillet 1949
sur les publications destinées à la jeunesse
ISNB 978-2-07-064562-6
Nº d'édition : 239779
Dépôt légal : septembre 2012
Imprimé en Espagne par Novoprint (Barcelone)